JOURNAL D'UN OFFICIER

DU

CORPS EXPÉDITIONNAIRE

DE TUNISIE

Par G. J. TOUTÉE

LIEUTENANT D'ARTILLERIE

(Extrait de la *Revue d'artillerie*. — Juillet 1881.)

PARIS

BERGER-LEVRAULT ET Cⁱᵉ, LIBRAIRES-ÉDITEURS

5, RUE DES BEAUX-ARTS, 5

MÊME MAISON A NANCY

—

1881

JOURNAL

D'UN

OFFICIER DU CORPS EXPÉDITIONNAIRE

DE TUNISIE

Nous avons été assez heureux pour recevoir communication du journal d'un jeune officier d'artillerie qui a fait la campagne de Tunisie. Nous pensons faire plaisir aux lecteurs de la *Revue* en en donnant des extraits. Il ne faut pas oublier que ce sont de simples notes rédigées sous la tente, au fur et à mesure des événements ; mais on a préféré les insérer telles quelles, craignant d'affaiblir la chaleur du style et la vivacité des impressions qui tiennent à la fois et à l'âge du correspondant, et aux circonstances au milieu desquelles il a écrit.   (*N. de la R.*)

..... Nous reçûmes le 6, pour partir le 7, 40 hommes et 5 gradés envoyés par le régiment ; nous emmenions 70 conducteurs auxquels on avait enlevé leurs deux chevaux, mis un sac sur le dos, et qu'on obligeait à tirer un mulet par la figure, tandis qu'ils s'étaient peut-être imaginé que jamais ils n'iraient à pied en temps de guerre. C'est ainsi que nous sommes partis le 8 à minuit de Toulon, avec les deux tiers de notre effectif équipé et chaussé depuis quatre heures seulement. Ces conducteurs transformés en hommes à pied tenaient comme de vrais conscrits les mousquetons que l'on venait de leur donner.

La troupe embarquée en ordre à la gare de Toulon, débarquait à Marseille, et traversait la ville pour venir s'embarquer sur le paquebot *la Ville-de-Bone*. Cette opération dura de 8 h. 1/2 m. à 3 h. 1/2 s. Je ne puis m'empêcher, à cette occasion, de vous signaler ce qu'il y a de contradictoire dans la manière de procéder à l'embarquement des troupes, suivant qu'on l'effectue en chemin de fer ou en bateau. Tandis que dans le premier cas, les règlements et les usages en vigueur assurent le maximum de rapidité possible pour embarquer et débarquer, dans le second cas, au contraire, les procédés employés par la marine marchande, où l'économie d'argent prime l'économie de temps, semblent les seuls que l'on applique aux opérations militaires. C'est ainsi que les sacs des hommes sont considérés comme bagages et descendus à fond de cale ; leurs armes, dont ils ne devraient jamais se séparer, sont entassées péle-mêle dans un autre local. Les pièces et les voitures sont démontées, les roues d'un côté, les affûts ou avant-trains d'un autre. C'est ainsi que, pour une traversée de 36 heures, on emploie un jour pour embarquer et un autre pour débarquer.

L'un des inconvénients de cette manière de procéder a été mis en évidence dès le début ; on nous avait dirigés sur la Calle avec un régiment de ligne. A deux heures du matin, les hommes d'infanterie sont débarqués, et se rendent à terre montés sur des chalands ; mais ils se trouvent à terre sans armes, ni bagages, la mer avait grossi, et le débarquement des bagages était devenu impossible. Le régiment est obligé de revenir à bord, non sans avoir couru des dangers, entre autres celui de rester désarmé à terre ; en tout cas, il était fatigué et retardé dans sa marche. A Bone, où notre débarquement s'est fait et a duré 8 heures, nous avons eu l'occasion d'admirer la façon dont le régiment d'infanterie avait fait embarquer ses armes. Non content de s'élever avec énergie contre l'encaissement de ses fusils, le colonel avait fait pourvoir chaque arme d'une vaste étiquette en papier collée sur la crosse et portant le numéro du bataillon, celui de la compagnie et le nom de l'homme. Les fusils, placés debout dans un compartiment du navire, sortaient par plusieurs ouvertures et passaient de main en main jusqu'à leurs propriétaires, qui, rangés par compagnies, ont été, en moins d'une demi-heure, équipés, armés et rassemblés. Quant à nous, il nous avait fallu nous livrer à un encaissement de mousquetons, dans des caisses d'une capacité en désaccord avec les unités de commandement ou d'administration, trop petites pour contenir en même temps les baïonnettes qui durent être emballées à part. Vous vous imaginez facilement quelle peine nous avons eue à remettre tout en ordre, nous dont la plupart des hommes ignoraient nécessairement le numéro de leurs armes. La mise en place des roues de nos pièces et de nos chariots a demandé également beaucoup de temps, mais s'est faite assez facilement à l'aide des grues et autres engins d'élévation dont dispose la marine.

Après trois jours de repos, que nous avons mis à profit pour montrer à nos hommes le service de leur matériel, nous sommes partis pour Souk-Harras où se rassemblait notre colonne. Nous fîmes quatre étapes de 25 kilom. en moyenne (la 2e en a 35). Tous les hommes durent porter le sac et il en fut ainsi pendant toute la campagne, non seulement pour nous, mais encore pour les batteries d'Algérie, qui avaient l'habitude de les charger sur les mulets. Le sac contient, outre l'ordonnance, la toile et les piquets de tente, ce que portent les fantassins, et de plus que ces derniers la capote et les effets de pansage du mulet. L'expérience a jusqu'ici démontré pour nous qu'on pouvait à la rigueur imposer aux hommes ce surcroît de fatigue, et je me suis fait cette opinion qu'on peut l'exiger d'eux dans la plupart des cas; car, partant de Souk-Harras, nous avons marché pendant sept jours de suite, sans repos, à l'avant-garde. Les heures de marche étaient données sans qu'on pût tenir compte de nos besoins de fourrage, d'abreuvoir, de boute-selle, etc., etc. Malgré ces conditions défavorables, sans compter les fautes que notre inexpérience nous a fait commettre, nos hommes n'ont pas laissé un seul traînard pendant ces sept jours. Je dois pourtant avouer qu'ils paraissaient bien fatigués.

Nous étions arrivés à Souk-Harras constitués en batterie de circonstance, avec 50 mulets et trois chariots de munitions de réserve. A partir de Souk-Harras, il devint évident qu'on ne pourrait mener plus loin ces trois chariots et nous les avons laissés.

On a réparti leur charge en partie sur 50 mulets du train, en partie sur 38 mulets d'Arabes conduits par leurs propriétaires.

Ainsi notre batterie comprenait son ancien personnel, plus le personnel de complément du régiment, plus les soldats du train, plus les 38 Arabes en burnous. C'est avec cette composition, qui ne manquait pas de couleur locale, qu'elle a pris place le 22 dans la colonne. Le 24, nous avons franchi la frontière à Sidi-Yousef, précédés par des goumiers, chargés d'explorer le terrain et de sonder les dispositions des indigènes. Nous marchons à l'avant-garde, avec une batterie de montagne d'Afrique, entre deux bataillons de zouaves. Le reste de la colonne comprend un régiment de hussards, un régiment de chasseurs d'Afrique, deux batteries montées de 90 et 6 bataillons de zouaves et de turcos. C'est la colonne d'attaque par excellence; à part nous, rien que des troupes d'Afrique. L'objectif actuel de la colonne est Kef, ville fortifiée située à deux jours et demi de marche de Sidi-Yousef. Cette ville, une fois prise, doit nous servir de point d'appui dans nos attaques contre les Kroumirs.

Nous irons ainsi les attaquer au sud-ouest, faisant le grand tour au sud de leurs montagnes, et nous entrerons chez eux en même temps que nos camarades des autres colonnes les attaqueront au nord. Nous avions donc un joli rôle à jouer dans la campagne qui s'ouvrait; chacun était plein d'ardeur; malheureusement, nous avons eu affaire à des ennemis qu'il est plus difficile de trouver que de battre.

Arrivés le 24 en vue de Kef, nous avons attendu toute la soirée la soumission du gouverneur, tout en prenant nos dispositions pour l'attaque. L'artillerie de la place n'était pas fort puissante, disait-on, et les deux batteries de montagne devaient être suffisantes pour la contre-battre. Les deux batteries de 90 devaient ouvrir le feu à 1 200 mètres sur les murs de la casbah ; d'après les renseignements qu'on avait sur la nature de la maçonnerie, on espérait que la brèche serait praticable à 10 heures, et une colonne, composée de deux bataillons de zouaves, de 2 bataillons de turcos et de notre batterie, tenterait l'assaut. En avant de la colonne devaient marcher 50 zouaves et 12 canonniers encloueurs de bonne volonté, et derrière eux une section du génie. Chacun étant ainsi enrôlé et mis en place, nous partons à 4 heures du matin ; à 6 heures et demie, nous étions en position, et on envoyait un parlementaire. Pendant ce temps-là, les pièces sont pointées sur les canons que l'on voit se dessiner très nettement à travers les embrasures de la casbah. La fortification dans son entier se présente en amphithéâtre pour un ennemi venant du sud, et elle est dominée par un ennemi qui serait installé au nord.

Nous étions au nord-ouest, à peu près à la même cote. Les murs sont en pierre, maçonnés avec de la chaux de mauvaise qualité, d'une épaisseur variant de $0^m,75$ à 2 mètres. Les lignes de défense sont composées de lignes droites flanquées par d'étroits bastions où quatre tirailleurs seraient gênés, et où les Tunisiens ont entassé deux ou trois pièces. Les murs s'élèvent de toute leur hauteur au-dessus du sol et sont même en encorbellement dans les parties saillantes. Ce sont ces murs qu'il faudra abattre et franchir ; mais juste au moment de tirer le premier coup de canon, on apprend que Kef ouvre ses portes. C'est en visitant la ville après notre entrée que j'en ai examiné les défenses. L'enceinte et la casbah étaient armées de 97 canons de bronze, d'un modèle assez allongé et portant la marque de fabrique espagnole. Ils sont tous à âme lisse et étaient chargés de poudre à fusil et de projectiles sphériques. Il ne m'a pas semblé qu'il y eût de rapport entre les approvisionnements de projectiles entassés à côté des pièces et les calibres de ces pièces. Aucun appareil de pointage, des affûts marins trop légers, complètement vermoulus et placés dans des salles ou sur des terre-pleins tellement étroits, que le plus faible recul ne pouvait se produire sans disloquer l'affût ou le faire tomber. Toutes ces pièces étaient chargées et amorcées. Les armements se réduisaient à des leviers et à des écouvillons tout neufs et en grand nombre eu égard au dénuement général.

Notre entrée à Kef se fit sans aucune manifestation de la part des populations qui paraissent complètement apathiques et abruties, et dès le lendemain matin, nous partions dans la direction de Souk-el-Arba, où nous arrivions deux jours après.

Souk-el-Arba est dans une grande plaine au confluent de la Medjerdah et du Mellègue.

La Medjerdah limite de ce côté le pays des Kroumirs ; nous avons attendu là quelques jours que les autres colonnes fussent prêtes à entrer ; pendant cette attente, les troupes ont été occupées à des reconnaissances offensives qui ont toutes été poussées assez loin et faites avec beaucoup de monde.

L'une d'elles, celle du 30, a été assez heureuse pour rencontrer l'ennemi en forces considérables et elle nous a donné l'occasion de tirer le canon. Comme c'était notre première école à feu du 80 de montagne, je veux vous dire dans quelles circonstances elle a eu lieu.

Le colonel des zouaves était parti le matin avec 2 bataillons et les goums arabes, afin de tâter les dispositions de la tribu des Ouled-Chechia (rive gauche de la Medjerdah, à hauteur de Ben-Béchir).

A onze heures, on apprend que les zouaves rencontrent une vive résistance ; on envoie par le chemin de fer deux bataillons de tirailleurs à Ben-Béchir ; un régiment de hussards et notre batterie suivront la voie de terre. A onze et demie nous partons emmenant le personnel qui nous était tombé sous la main ; car les hommes et les mulets désignés pour la batterie de combat étaient en partie occupés à des corvées du camp et au bois. Deux compagnies de zouaves nous servent de soutien, et nous marchons ainsi en bataille encadrés entre ces deux compagnies jusqu'à environ 12 kilomètres de Soukel-Arba, à hauteur de la gare de Ben-Béchir.

Nous nous jetons alors à gauche et ne tardons pas à entendre la fusillade. Les hauteurs qui bordent la Medjerdah (voir pl. XI) détachent à cet endroit trois contreforts perpendiculaires à la vallée ; en avant de celui du centre et parallèlement à cette vallée, coule un ravin d'où étaient partis les premiers coups de fusil. Le combat, engagé là, s'était développé sur le contrefort du centre (n° 2) et les Kroumirs, repoussés avec pertes, s'étaient repliés sur le contrefort n° 3 derrière la crête duquel l'action se continuait. L'habitude qu'ont les Arabes de faire la conduite aux troupes lorsqu'elles se retirent, même victorieuses, rendait précieuse pour les zouaves l'arrivée de renforts. La cavalerie permit en effet de dégager les zouaves, et les tirailleurs, se retirant par échelons, avec feu de salve à chaque halte, tinrent les Arabes à une distance respectueuse. La ligne française, battant en retraite dans ces conditions, repassa d'abord la crête et se replia sur la face sud-ouest du contrefort. Deux minutes après, les Kroumirs franchissaient cette crête à leur tour, et nous entrions en ligne. La batterie avait été placée au premier étage du contrefort n° 1, où elle avait sur le versant sud-ouest du contrefort n° 3 des vues extrêmement nettes. L'ennemi s'avançait rapidement, sans aucun ordre d'ailleurs ; on voyait leurs burnous comme autant de points blancs se mouvoir dans la broussaille très courte qui couvre la montagne.

Ils formaient ainsi un but d'une grande étendue, mais d'une faible densité. On avait apprécié la distance au chronomètre, car nous n'avions pas de télémètre, et l'on avait trouvé ainsi 2 500 mètres. A l'œil nu, la grande transparence de l'air et l'uniformité de la nature environnante faisaient estimer de 1 500 à 2 000. Aussi n'avons-nous pas été peu surpris de trouver le 1ᵉʳ coup à 2 300 excessive-

*

ment court. Le tir allongé au bout du 4ᵉ coup jusqu'à
4 000 mètres était à peine assez long. Pour atteindre cette
portée, nous étions obligés d'employer le niveau de pointage, car la hausse ne va que jusqu'à 3 200. Nous étions
même obligés d'enterrer la crosse pour donner l'angle
nécessaire (28°). Dans ces conditions, le tir était extrêmement fichant et eu égard à l'inclinaison du terrain qui ser-
vait de but, je puis bien répondre que tous nos projectiles
ont fait fougasse. Ils ont néanmoins dû faire assez de mal
et beaucoup de peur aux Kroumirs, car ils tombaient au
milieu d'eux. Bien que le tir ait été assez rapide, ils ne
nous ont pas permis de tirer plus de 32 coups. Vers le 25ᵉ
ils ont commencé à se sauver, et vers le 32ᵉ on n'en voyait
plus un. Nos canons de 80 ont bien supporté cette épreuve ;
un seul coup a causé un renversement de l'affût, et deux
causes avaient concouru à cet effet, car l'inégalité d'action du frein était venue en aide à la déclivité du sol. Il
faut en effet avoir soin de disposer les enrayures entre les
rais de manière que dans le recul elles agissent simulta-
nément sur les rais, et, dans les changements de direction
du feu que nous avions été obligés de faire très rapidement, cette précaution avait pu être négligée pour cette
pièce. Nous n'avons eu ni éclatement prématuré, ni raté ;
tous nos projectiles ont éclaté.

A la suite de ce tir, il a été reconnu que nous avions
grand besoin de télémètres et d'obus à balles armés de
fusées à temps. En effet, en pays de montagne, par suite
des illusions d'optique, les erreurs dans l'appréciation des
distances à vue sont très fréquentes, l'observation des
coups devient par suite fort difficile, d'autant plus que
souvent les projectiles vont tomber dans des ravins dont
on ne soupçonne pas l'existence. On reproche, il est vrai,
à l'emploi du télémètre de faire perdre du temps : deux
ou trois projectiles, dit-on, sont plus vite tirés qu'un télémètre n'est déroulé. Mais l'artillerie de montagne marche
souvent par sections, et deux coups sont plus précieux,

dans ce pays sans moyens de transport, pour une section que pour une batterie ; en outre, la mise en batterie est plus longue avec des pièces de montagne qu'avec des pièces de campagne. Quant au tir fusant avec des obus à balles, il serait préférable, car par suite de la grande courbure de la trajectoire les obus percutants font trop souvent fougasse.

Il a été également reconnu dans cette occasion, qu'il serait bon de se départir dans certaines circonstances de la règle en vertu de laquelle on doit tirer de manière à avoir toujours pour premier coup un coup court. Les raisons qui ont fait adopter cette règle sont que généralement il est plus facile d'observer les coups courts que les coups longs. Le contraire peut se présenter et se présentait en effet le 30 avril à Ben-Béchir où tout le bas du contrefort n° 3 était masqué par le contrefort n° 2, et nous avons perdu plusieurs coups parce que nous ne pouvions observer facilement les points de chute en avant du but. Nous avons fait de plus courir certains dangers aux zouaves par-dessus lesquels nous tirions et qui se trouvaient seulement à 1 200 mètres en avant des Kroumirs. Ce cas du tir par-dessus une troupe amie est encore un de ceux où l'on ne saurait équitablement reprocher à un capitaine commandant, d'avoir commencé par un coup trop long.

Le réglage du tir à la manivelle a donné lieu aussi à quelques observations. La manivelle étant placée sur le côté de l'affût et les divisions étant tracées sur un plan vertical, il est nécessaire que le 1er servant de gauche se place en dehors de la roue, baisse la tête de manière à regarder horizontalement la manivelle et ses divisions et tourne la poignée avec la main droite, en même temps qu'il marque avec l'index de la main gauche la division où se trouvait arrêté le bras de la manivelle. Si l'on veut exécuter un tir de précision, il sera bon de tenir compte du fait suivant : l'écrou et la vis sans fin s'usent rapidement par suite de la poussière et des frottements que le maniement de la vis de pointage cause tous les jours, ne fût-ce qu'au moment du chargement et du déchargement.

De cette usure résulte un jeu qui permet de faire faire environ $\frac{1}{2}$ 8e de tour à la manivelle sans produire de déplacement de la vis. Les capitaines qui voudront donner exactement des tours de manivelle devront donc s'assurer qu'avant de les donner, on a amené l'écrou-pignon en contact avec la vis sans fin. Si on se conforme à la règle dont je parlais plus haut, et si, de son côté, le pointeur a pointé réglementairement, il n'y a rien à dire; car le dernier mouvement de la manivelle ayant pour but, dans le pointage, d'élever la volée, et tous les mouvements de la manivelle se bornant dans le réglage d'essai à des mouvements « plus loin », l'écrou et la vis seront toujours en contact du côté « plus loin »; mais il ne faut pas trop compter sur un service aussi idéalement conduit.

Les difficultés que nous avons éprouvées au commencement pour régler notre tir tenaient pour beaucoup à la diffusion du but; mais cela ne prouve que mieux la nécessité, ne fût-ce qu'au point de vue de la discipline du feu, de se conformer strictement à la règle qui veut que toutes les pièces soient pointées sur un même but, au moins pour commencer; et si l'on ne veut pas se perdre dans d'interminables explications sur la désignation du but, il sera plus expéditif et plus sûr que le commandant du tir dirige lui-même une ligne de mire sur ce but. En moins de $\frac{1}{4}$ de minute, tous les chefs de section ayant passé à cette pièce, l'uniformité du pointage sera assurée.

Je vous ai déjà signalé au point de vue du renversement l'inconvénient de ces freins à cordes qu'on doit remplacer par des écrous à douilles; la grande légèreté de l'affût, et surtout le peu de distance du point d'appui des roues à celui de la crosse, quand on n'a pas la rallonge de flèche, font que l'affût placé par le pointeur dans une certaine position n'y reste souvent pas. La crosse tend à retomber dans le sillon creusé par le coup précédent, ou bien cède à la réaction des cordes sur les roues. La rallonge de flèche donnera aussi plus de facilités pour le pointage à deux hommes qui est encombrant, mais que nous employions malgré tout, à cause de la difficulté du pointage par un seul.

Nous avons fait, comme vous le pensez bien, quelques écoles, dont la première a été un départ à 10 heures du matin ; nos hommes ont dû s'acclimater à la chaleur, se faire au biscuit, et s'habituer à cette prévoyance qui vous fait garder précieusement pour le lendemain la charge dont souffrent les épaules et dont l'estomac s'accommoderait si bien. Il leur a fallu apprendre à faire vite du feu pour y faire cuire la viande ; aux fourriers et aux officiers, il a fallu prendre l'habitude de faire les bons d'avance, de tout reconnaître et de tout préparer pour faire rapidement les distributions. A l'heure qu'il est, on trouverait bien 20 fr. par cotisation dans la batterie pour acheter un couteau de boucher. Faire de la monnaie pour le prêt est aussi une grosse affaire ; mais toutes ces questions ne touchent pas plus les artilleurs que les autres troupes et on ne devient réellement débrouillard qu'après avoir souffert de ne l'avoir pas été. Nos hommes sont aujourd'hui, mieux qu'après toutes les instructions du monde, persuadés qu'il faut bien se garder de jeter du biscuit.

Campement de Fernana, 8 mai, près
Gazella (au nord de Souk-el-Arba).

Je reprends aujourd'hui par la pluie battante la lettre que je vous avais commencée l'autre jour par une pluie non moins battante ; vous savez combien la vie des camps se prête peu aux écritures et vous m'excuserez du décousu des idées et du style. C'est sous une petite tente et sur du papier tunisien que j'écris ; il fait un tel vent que ma tente s'est renversée deux fois, et hier nous étouffions ! A la guerre, comme à la guerre.

Nous sommes retournés aujourd'hui du côté de Ben-Bétir et dans cette deuxième reconnaissance offensive

nous avons encore eu l'occasion de tirer huit coups de canon. Cette fois nous avions nos servants de la batterie de
combat ; nous avions affaire à un ennemi très peu nombreux ; le tir s'est fait avec calme et précision, à une bonne
distance ! 2 600 mètres ; et si nous n'en avons guère tué,
c'est qu'ils n'étaient guère non plus. Il y avait un petit
arbre isolé, bien évident, ne permettant pas d'ambiguïté,
grâce auquel notre tir a été réglé en trois coups à 40 mètres
près ; au 7e et au 8e coup, ça a été une fuite générale et à
toutes jambes. Je vous envoie un croquis aussi exact que
possible de nos positions (voir planche XII).

Nous partons encore sans sacs ni bagages, ce qui rend la
marche plus facile, mais oblige au retour. Il y avait à la colonne 2 bataillons de zouaves, 2 de turcos, un régiment de
cavalerie, les goums et 2 batteries de montagne dont la nôtre. Les 2 batteries marchaient à l'avant-garde. Nous sommes
arrivés à 9 heures, après 3 heures et demie de marche dans
des sentiers escarpés, en face d'un marabout, sur un territoire cultivé, mais abandonné, et nous nous sommes mis de
nouveau en batterie vers 10 heures du matin, dans une
position de laquelle on découvre admirablement les flancs
des grandes montagnes où se tiennent les Kroumirs. Nous
sommes chargés de surveiller tout ce qui se passera dans
le défilé à droite et à gauche du ruisseau de l'Oued-Ellil.
Le goum chargé de reconnaître le terrain s'avance avec
précaution, soutenu par un escadron de chasseurs d'A-
frique ; l'évacuation du territoire nous paraît complète ,
mais il peut être resté quelques défenseurs dans la région
boisée et rocheuse qui est devant nous ; les goumiers en
découvrent en effet quelques-uns et se retirent aussitôt, en
se laissant poursuivre pour riposter avec plus d'avantages.
La tactique de nos cavaliers arabes est plus pittoresque
que meurtrière ; ils opèrent à cheval, dans le plus complet
désordre, groupés autour de leurs chefs, chargent leurs
armes tout en se retirant avec le gros de la troupe, et exé-
cutant un brillant demi-tour sur les hanches se lancent au

galop dans la direction de l'ennemi ; quand ils sont à 100 ou 200 mètres en arrière, ils déchargent leurs armes, sans viser d'ailleurs, et rejoignent au galop leurs camarades. Pendant cette retraite ils s'appellent et s'excitent à grands cris. Nous n'avons pas tardé à voir les Kroumirs qui les reconduisaient. L'engagement avait lieu sur le versant de la montagne qui nous faisait face, nos goumiers se retirant à mi-côte, de notre gauche à notre droite, ce qui nous permettait d'apprécier très nettement la distance qui les séparait des ennemis (300 à 400 mètres). Les pièces furent pointées sur un arbre au pied duquel nous avions vu passer nos cavaliers ; la distance avait été mesurée par nous pendant le long repos (de 9 heures et demie à 1 heure) que nous avions pris sur le terrain. Au moment où les Kroumirs arrivèrent à hauteur de cet arbre, ils entrèrent dans un petit bois que très raisonnablement ils jugèrent favorable à leur action d'infanterie contre nos hommes à cheval. Il était environ 1 heure un quart. C'est le moment qui fut jugé propice pour l'ouverture du feu. Commencé à 2 000 mètres et considéré comme trop court, il fut allongé à 2 150 et presque aussitôt à 2 200, car immédiatement après le 2e coup on vit les Kroumirs sortir du bouquet d'arbres en courant à toutes jambes. On continua le feu jusqu'au 8e coup, après lequel on ne vit plus d'ennemis. Un officier qui est retourné dans le bosquet après notre tir nous fit savoir qu'il y avait vu un cadavre frappé d'un obus et il est probable que c'est à la terreur causée par cet accident qu'il faut attribuer la fuite du groupe tout entier (30 à 40), que nous avons constatée après le 2e coup.

En même temps que nous, l'autre batterie de montagne, établie un peu au-dessous, ouvrait son feu sur des ennemis qu'elle avait reconnus le long du ravin. Après une dizaine de coups, elle cessa également son feu, ne voyant plus l'ennemi. De 11 heures à 3 heures, heure à laquelle nous nous sommes mis en marche pour le retour, nous avons entendu des coups de fusil isolés, tant sur la rive gauche que sur la rive droite où les chasseurs d'Afrique s'étaient aussi engagés en reconnaissance, mais il n'y a eu personne de touché, de sorte que l'ennemi doit être très clairsemé et on croit ici qu'il a abandonné la position. Une autre colonne doit arriver demain à l'extrémité du ravin opposée à celle par où nous sommes arrivés, et comme ceux qui sont de notre côté ont apporté aujourd'hui leurs armes et fait leur soumission, il est probable que nous ne trouverons personne quand nous retournerons à Ben-Betir pour rejoindre l'autre colonne.

El-Fedj, 15 mai.

Je ne vous ai pas encore envoyé ma dernière lettre parce que je pensais qu'elle arriverait aussitôt en partant plus tard; je me suis déjà aperçu plus d'une fois qu'en ce monde de postiers inexpérimentés ou malheureux, l'espace parcouru cesse d'être proportionnel au temps.

Nous venons de faire une nouvelle pointe qui a duré 6 jours dans la direction de Ben-Betir par El-Fedj. Arrivés le 11 à El-Fedj avec la partie la moins encombrante de la colonne (la cavalerie a été laissée à Fernana), nous y avons séjourné deux jours par un temps affreux; après y avoir laissé un nouveau dépôt, nous en sommes partis le 14 pour faire une tournée dans la montagne. Cette fois la tournée pouvant durer deux jours, on emportait de quoi bivouaquer et bien nous en a pris.

J'étais le jouet d'une illusion d'ailleurs générale, quand je vous disais l'autre jour que le pays entre El-Fedj et Ben-Betir était abandonné. Il ne l'était en réalité que momentanément, car le 11, nous avons retrouvé sur notre passage de nombreux troupeaux et des tentes remises en place depuis le 8. En échange de leur soumission, le général leur avait assuré la sécurité, et le pays, de désert que nous l'avions laissé, était redevenu peuplé d'amis en deçà d'El-Fedj, d'ennemis au delà.

A peine sommes-nous installés sur ce mamelon d'El-

Fedj (9 h.) que l'on envoie de nouveau reconnaître et préparer la route pour Ben-Betir. Une batterie de montagne et un bataillon de zouaves vont reconnaître les crêtes de la rive droite, tandis que des travailleurs sont envoyés pour aménager le sentier à mi-côte déjà reconnu le 8 comme peu praticable, mais peu défendu. Or il est arrivé précisément que la reconnaissance des crêtes n'a pas reconnu de bon chemin, et qu'en revanche les travailleurs du sentier ont trouvé un chemin assez praticable, mais fort bien défendu.

A moins de 1 200 mètres de notre camp, à 200 mètres de celui des goumiers, le bois qui était relativement silencieux le 8, pétillait aujourd'hui d'une fusillade très nourrie. Les chasseurs d'Afrique et les goums essuyèrent les premiers feux ; mais peu à peu, tout le personnel du camp, compagnie par compagnie, venait se placer à côté d'eux. Le terrain se prêtait admirablement à la défense ; les rochers y forment comme une succession de barrières, où les tirailleurs peuvent très bien s'abriter contre la fusillade. Les Kroumirs en profitaient adroitement.

La nature boisée des montagnes empêche en outre de pouvoir diriger sur les différentes lignes de défense un feu précis d'artillerie. Pour ces combats rapprochés, la longue portée de nos armes nous donne peu d'avantages, de sorte que je crois que nous serions restés longtemps à El-Fedj, si les Kroumirs avaient continué à montrer la même résolution que le 11. Ce jour-là nous n'eûmes que 6 hommes hors de combat, mais nous avons gagné peu de terrain, et si les Kroumirs nous avaient attendu de même le 14, nous aurions perdu du monde.

Le rôle de l'artillerie s'est borné le 11 à surveiller sur la rive droite les progrès de la fumée, et sur la rive gauche les rassemblements des Kroumirs qui s'y portaient pour observer l'engagement et intervenir au bon endroit.

Ma batterie a tiré seulement quatre coups de canon sur un rassemblement d'une centaine d'individus placés à

mi-côte sur un plateau d'où nos obus les ont fait partir trop vite à notre gré.

Le 1er coup tiré à 2 800 mètres étant un peu court, le 2e fut tiré à 2 950 et les atteignit en plein dans leur mouvement de retraite, un peu en arrière de la crête, où le général et les observateurs placés plus haut que nous virent distinctement la trouée faite par le projectile. Deux autres coups furent tirés à la même distance et au 4e on ne voyait plus personne. Nous sommes restés en batterie en avant de nos tentes pendant le reste de la journée et nous aurions pu intervenir à plusieurs reprises, si, devant une résistance aussi sérieuse, le général n'avait jugé prudent de réserver nos munitions. Il s'était placé de sa personne à côté de la seconde batterie de montagne de la colonne et indiquait lui-même à chaque moment la direction qu'il voulait donner au tir.

Dans aucun de ces différents feux, il n'y a eu à proprement parler de réglage de tir, car l'ennemi se retire avec une telle rapidité qu'on ne peut jamais aller plus loin que la hausse d'essai; encore est-il très rare qu'on puisse tirer sur un but immobile les 3 ou 4 coups qui sont nécessaires pour arriver à ce résultat. Nous avons eu jusqu'ici, sauf au 1er coup à Ben-Béchir, la bonne fortune de pouvoir observer facilement tous nos coups.

C'est une chance que nous n'aurons pas toujours dans un air moins pur ou sur des champs de bataille où nous ne serons pas seuls à tirer le canon, et où nous aurons en même temps plus de fumée et peut-être moins de sang-froid qu'ici. Comme précision, nos résultats sont très comparables à ce que j'ai vu faire l'an dernier au polygone de ***, dans le tir contre but mobile, un peu plus heureux peut-être parce qu'ici le but est toujours mobile dans le même sens, le prolongement de la ligne de tir.

Quand nos travailleurs sont revenus à la nuit tombante, le récit qu'ils ont fait de l'opiniâtreté des Kroumirs, la fatigue des combattants, le mauvais état des chemins, après une pluie continuelle sur un sol argileux, d'autres considérations peut-être encore ont fait retarder jusqu'au surlendemain le passage du défilé. Le lendemain la pluie continuant, on s'aperçut que les mulets étaient extrêmement fatigués et que les hommes perdaient leurs souliers dans la boue. Ce n'est que le 14 que nous nous sommes portés en avant.

Le 14, la colonne laissant au camp d'El-Fedj tous ses impedimenta (le convoi et 10 hommes par compagnie) partait pour une reconnaissance offensive de deux jours, afin de dégager le défilé d'El-Hammam sur les deux rives de l'Oued-Ellil. La colonne avait été partagée en deux parties. L'une d'elles (colonne Hervé), qui marchait sur la rive droite, comprenait trois bataillons de zouaves, un escadron de chasseurs, deux batteries de montagne dont la nôtre, une section du génie. Le général marchait avec cette partie de la colonne, qui prit à quatre heures et demie du matin le chemin tracé sur le croquis ci-joint (voir pl. XII). La colonne de la rive gauche (colonne O-Neil) comprenait deux bataillons de tirailleurs, un escadron et une batterie de montagne.

Le sentier dans lequel nous nous engageâmes, était fort étroit et l'on dut se résoudre à marcher en file indienne ; ce sentier avait été, durant nos deux jours de séjour à El-Fedj, aménagé par les soins du génie qui avait abattu les arbres de manière à permettre le passage d'un mulet chargé. L'eau qui était tombée en abondance s'était écoulée pendant la nuit et la terre glaise sur laquelle nous marchions avait cessé d'être glissante. Néanmoins au passage des nombreux torrents qu'on passe ici toujours à gué, une certaine quantité d'eau était entraînée par les pieds des hommes et la rampe de sortie devenait glissante et dangereuse pour les mulets. Toutefois, la première partie du chemin se fit sans accident et l'on arriva à sept heures et demie au point marqué *d* sur la planche XII, où l'on fit une halte. Il existait à cet endroit un petit plateau un peu dénudé et il était facile de voir près de l'horizon, en *é*, une cinquantaine de Kroumirs, armés de fusils, dans une attitude d'observation. Pendant une pause de 10 minutes, la distance fut évaluée au télomètre (nous en avions reçu deux la veille) et trouvée égale à 3 600 mètres. Afin d'avoir un tir plus efficace, on fit porter les batteries de 700 à 800 mètres en avant ; et dans une nouvelle clairière, en *e*, les six pièces furent déchargées et le feu commença immédiatement. La distance estimée au télomètre étant de 2 800 mètres, le tir fut commencé à 2 600 et allongé pour la 2ᵉ pièce de 2 tours ; le 2ᵉ projectile tomba au milieu d'un groupe d'Arabes dont plusieurs furent blessés ; les autres prirent immédiatement la fuite et furent poursuivis par nos obus jusqu'à 2 950 mètres, distance à laquelle se trouvait la crête opposée. Après le dixième coup, les Kroumirs avaient disparu derrière cette crête et on rechargea les pièces à dos de mulet pour continuer la route.

La mise en batterie a présenté cette particularité que nos hommes avaient leurs sacs et qu'il leur a fallu les enlever pour décharger et servir les pièces conformément au règlement pour les pièces de campagne. Cela nous a retardés d'environ une minute et nous l'aurions été de 2 ou 3, si nos hommes n'avaient pas été à l'avance munis de leurs nombreux armements.

Il nous a été donné de constater encore une fois dans cette occasion l'énorme influence exercée sur la direction du tir par l'inclinaison des tourillons. Tout concourt en effet à rendre cette inclinaison plus sensible que dans le canon de campagne où elle est réellement de peu d'importance. Pour une même distance, la hausse est plus forte ; or, le déplacement de l'œilleton est proportionnel à la longueur de la hausse employée ; de plus, pour un même déplacement de l'œilleton, le déplacement du point de chute est double, puisque la ligne de mire est moitié ; enfin, pour une même différence de niveau des roues, l'angle d'inclinaison est double, puisque la voie est moitié

moindre. Ainsi, pour une distance de 2 500 mètres,
1 centimètre et demi de différence de niveau des roues
donne une inclinaison de 1° qui produit un écart de
10 mètres en direction, et les affouillements dus au recul
d'un seul coup donnent souvent des différences de niveau
de 8 à 10 centimètres, et creusent ainsi des ornières où la
roue retombe d'autant plus souvent que la place manque
généralement en pays de montagne. De là, l'obligation de
corrections à faire le niveau à la main, corrections longues
et compliquées auxquelles on pourrait très bien substituer
l'emploi d'une hausse à charnières, qu'un petit niveau placé
au sommet permettrait de rendre verticale. On fait usage
à Fontainebleau d'instruments de levers très portatifs qui
contiennent des niveaux sphériques d'une constitution très
robuste ; un de ces niveaux ne serait pas déplacé sur le
sommet de la hausse.

Pendant que notre batterie exécutait son tir, notre colonne presque tout entière avait défilé sur le sentier, et
quand les mulets se remirent en marche, les pièces se
trouvèrent placées en avant de la dernière compagnie du
2e bataillon. Les troupes franchirent le col qui fait passer
du versant sud au versant nord de la montagne sur laquelle
nous étions engagés. Continuant leur mission qui était
d'explorer la rive droite de l'Oued-Ellil jusqu'à Ben-Betir, les zouaves laissèrent aux batteries le soin d'aider la
2e colonne qui opérait sur la rive gauche. A cet effet, l'autre batterie de montagne, qui se trouvait maintenant en
tête, tourna à droite au passage du col, et suivant la ligne
de moins grande pente, arriva sur une crête rocheuse où
elle se mit en batterie face au sud. Notre batterie franchit
le col à son tour, tourna à droite presque aussitôt, et après
s'être engagée en partie dans un sentier reconnu ensuite
trop difficile, acheva le mouvement qui lui avait été pres-
crit, pour revenir s'installer sur la gauche de l'autre batterie, en g, face au sud, sur une pente gazonnée où de grands
arbres dégageaient les vues sur la rive gauche. Elle se

trouvait de la sorte protégée par un bataillon de zouaves qui occupait les crêtes qu'il avait reconnues dans la journée du 11. Une compagnie occupait la falaise de rochers marquée sur le croquis, à 150 mètres à gauche de la batterie.

On fit décharger le matériel à 11 heures et demie, et on se mit en devoir de surveiller le flanc de la montagne qui était vis-à-vis sur la rive gauche, mais les Kroumirs, renseignés sans doute sur la marche de la colonne, prévenus en tout cas par la canonnade du matin, ne se montrèrent qu'à de rares intervalles et en très petit nombre sur le versant nord. Toute l'action engagée avec eux par la colonne de la rive gauche, action qui ne manqua pas d'opiniâtreté, se passa en dehors de nos vues, sur le versant sud de la montagne suivie par cette colonne.

A 2 heures, comme on n'entendait plus aucun bruit sur la rive gauche, les batteries reçurent l'ordre de rejoindre le bivouac de Ben-Betir, où les autres troupes étaient déjà installées depuis quelque temps. Dans la soirée, le général reçut la nouvelle que la colonne de la rive gauche, fatiguée par un combat d'une journée, ne rejoindrait pas, et il jugea prudent d'envoyer au-devant d'elle un bataillon de zouaves.

Le lendemain, un autre bataillon et deux batteries furent également envoyées au-devant de cette même colonne.

Celle-ci était campée précisément au point de chute de nos projectiles de la veille, dont nous pûmes ainsi apprécier le groupement et les effets ; les pierres et les lambeaux de burnous ensanglantés, trouvés autour du point de chute du deuxième projectile, nous prouvèrent la justesse de nos observations de la veille. Les pièces furent mises en batterie de midi à 2 heures et dirigées sur les pitons où les Kroumirs s'étaient réfugiés, mais il ne s'en montra pas un seul, et tout le monde repartit pour Ben-Betir, et de là pour El-Fedj, où les troupes furent réinstallées à 5 heures du soir.

.... Je pense que vous aurez reçu des nouvelles des autres colonnes. Pour nous autres, nous avons fait un retour en arrière à El-Fedj, puis à Fernana, et passant par Béja le 21, nous repartons au nord aujourd'hui, continuant le mouvement de dentelle que nous faisons au sud de la division Delebecque, jouant ainsi le rôle de rabatteurs vis-à-vis d'un chasseur bien posté. La colonne marche beaucoup et bien, mais les animaux s'épuisent petit à petit, et nous nous allégeons de plus en plus aux dépens du confort déjà restreint que nous avions. Pourtant j'ai pu trouver dans une caisse à biscuit de quoi faire une table à écrire ; j'en profiterai le plus possible pour vous tenir au courant de nos faits et gestes. Inutile de vous recommander le mépris de tout ce que publient les journaux à notre sujet. Le peu que nous en recevons dépasse tout ce qu'on peut rêver en fait d'inexactitudes, de folies même.

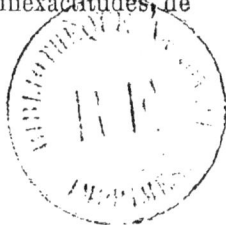

NANCY, IMPRIMERIE BERGER-LEVRAULT ET Cie.

Engagement de Ben-Béchir.

30 Avril 1881.

N° 3

- Position de la Batterie.
Z   Zouaves de soutien (2 Cies).
R   Réserve de la Batterie.
E   Escarpement, repère des 20 derniers coups.
P   Pli de terrain qui a caché les
      premiers points de chute.
      Prairie.
      Broussailles.
D   Douar (Ambulance).
D'D"D'" Douars incendiés.
      Cote de la Batterie   0 .
      Cote de la Medjerdah (−50).

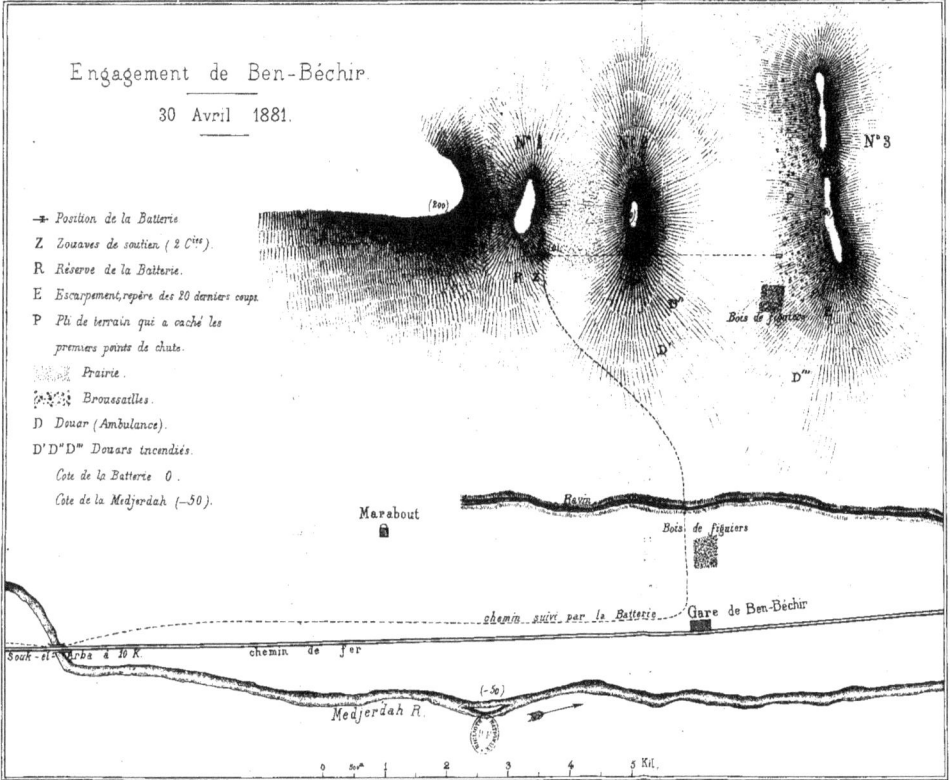

(800)

Bois de figuiers

D'"

Marabout

Ravin

Bois de figuiers

chemin suivi par la Batterie   Gare de Ben-Béchir

Souk-el-Arba à 10 K.   chemin   de   fer

(−50)

Medjerdah R.

0   50^m   1   2   3   4   5 Kil.

F. L. Boutonnet

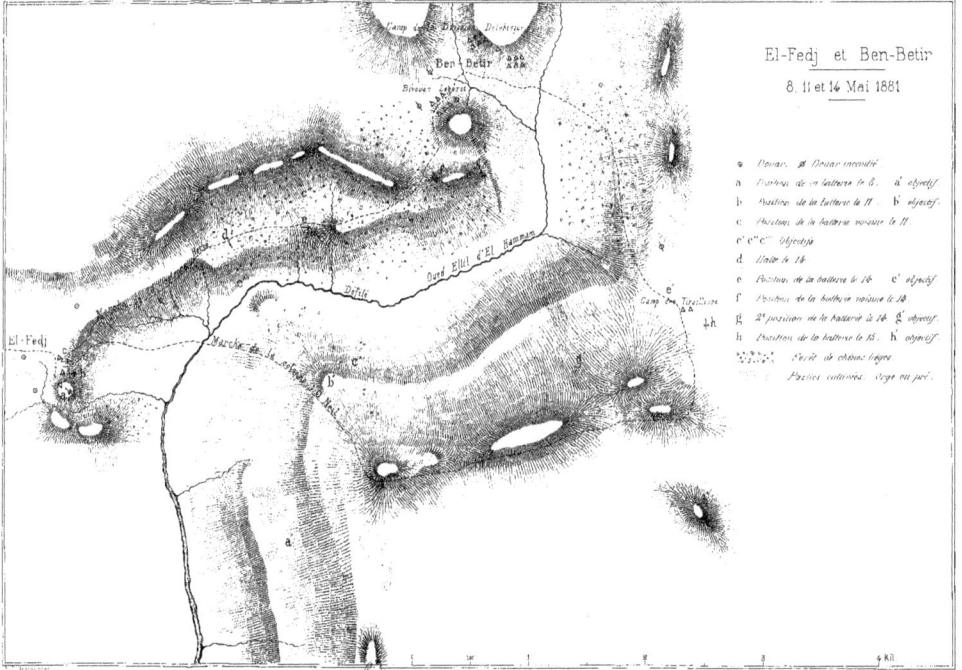

El-Fedj et Ben-Betir

8, 11 et 14 Mai 1881

www.ingramcontent.com/pod-product-compliance
Lightning Source LLC
Chambersburg PA
CBHW060818280326
41934CB00010B/2738